BEI GRIN MACHT SICH IHR WISSEN BEZAHLT

- Wir veröffentlichen Ihre Hausarbeit, Bachelor- und Masterarbeit

- Ihr eigenes eBook und Buch - weltweit in allen wichtigen Shops

- Verdienen Sie an jedem Verkauf

Jetzt bei www.GRIN.com hochladen und kostenlos publizieren

Mark Möst

Methoden des sprachwissenschaftlichen Arbeitens

Wie wissenschaftliches Arbeiten in der Sprachwissenschaft aussieht

GRIN Verlag

Bibliografische Information der Deutschen Nationalbibliothek:

Die Deutsche Bibliothek verzeichnet diese Publikation in der Deutschen Nationalbibliografie; detaillierte bibliografische Daten sind im Internet über http://dnb.d-nb.de/ abrufbar.

Dieses Werk sowie alle darin enthaltenen einzelnen Beiträge und Abbildungen sind urheberrechtlich geschützt. Jede Verwertung, die nicht ausdrücklich vom Urheberrechtsschutz zugelassen ist, bedarf der vorherigen Zustimmung des Verlages. Das gilt insbesondere für Vervielfältigungen, Bearbeitungen, Übersetzungen, Mikroverfilmungen, Auswertungen durch Datenbanken und für die Einspeicherung und Verarbeitung in elektronische Systeme. Alle Rechte, auch die des auszugsweisen Nachdrucks, der fotomechanischen Wiedergabe (einschließlich Mikrokopie) sowie der Auswertung durch Datenbanken oder ähnliche Einrichtungen, vorbehalten.

Impressum:

Copyright © 2009 GRIN Verlag GmbH
Druck und Bindung: Books on Demand GmbH, Norderstedt Germany
ISBN: 978-3-656-40215-2

Dieses Buch bei GRIN:

http://www.grin.com/de/e-book/210168/methoden-des-sprachwissenschaftlichen-arbeitens

GRIN - Your knowledge has value

Der GRIN Verlag publiziert seit 1998 wissenschaftliche Arbeiten von Studenten, Hochschullehrern und anderen Akademikern als eBook und gedrucktes Buch. Die Verlagswebsite www.grin.com ist die ideale Plattform zur Veröffentlichung von Hausarbeiten, Abschlussarbeiten, wissenschaftlichen Aufsätzen, Dissertationen und Fachbüchern.

Besuchen Sie uns im Internet:

http://www.grin.com/

http://www.facebook.com/grincom

http://www.twitter.com/grin_com

Romanisches Seminar der Universität Heidelberg
Wintersemester 2009/10
Übung: Methoden des sprachwissenschaftlichen Arbeitens
Dozent: Mark Möst

Methoden des sprachwissenschaftlichen Arbeitens:

Wie wissenschaftliches Arbeiten in der Sprachwissenschaft aussieht[1]

Mark Möst

Wissenschaftlicher Mitarbeiter am Romanischen Seminar
der Universität Heidelberg

---

[1] Dies ist die schriftlich ausgearbeitete Fassung eines Vortrags, den ich im Wintersemester 2009/10 in einer einführenden Sitzung der Übung „Methoden des sprachwissenschaftlichen Arbeitens" gehalten habe. Die Übung richtete sich an Studentinnen und Studenten des Bachelor-Studiengangs „Romanistik: Französisch".

Inhaltsverzeichnis

1. Allgemeine Definition: Wissenschaft 2
2. Kennzeichen einer Wissenschaft 2
3. Kennzeichen wissenschaftlicher Forschung 3
4. Kriterien für Wissenschaftlichkeit 4
5. Wie denkt man wissenschaftlich? 6
6. Wissenschaftssprache 6
7. Definitionen: Hypothese – Theorie – Methode 7
8. Leistung von Theorien 8
9. Teiltätigkeiten und Arbeitsschritte des Sprachwissenschaftlers 9
10. Modellfall zur Illustration der sprachwissenschaftlichen Arbeitsweise 10
11. Erkenntnisgewinnung mittels Falsifikation 12
12. Exkurs in die historische Sprachwissenschaft: Das Unerklärliche erklären ... 12
13. Schlusswort 13

Literaturverzeichnis 15

1. Allgemeine Definition: Wissenschaft

Ein geläufiges deutsches Wörterbuch definiert den Begriff „Wissenschaft" als „geordnetes, folgerichtig aufgebautes, zusammenhängendes Gebiet von Erkenntnissen"[2]. Diese Definition enthält schon drei Merkmale, die verdeutlichen, dass Wissenschaft unter verschiedenen Aspekten etwas Systematisches an sich hat.

Wenden wir uns einer ausführlicheren Definition des Begriffs zu: Die Wissenschaftstheorie ist ein Teilgebiet der Philosophie; aus diesem Grund ist es ratsam, ein geeignetes philosophisches Nachschlagewerk heranzuziehen. Im „Handbuch wissenschaftstheoretischer Begriffe" erscheint Wissenschaft nicht als Ergebnis einer Tätigkeit, sondern als etwas Prozesshaftes mit verschiedenen Teilschritten und Zielen.

> „Wissenschaft ist jede intersubjektiv überprüfbare Untersuchung von Tatbeständen und die auf ihr beruhende, systematische Beschreibung und – wenn möglich – Erklärung der untersuchten Tatbestände."[3]

Speziell die „exakten" Naturwissenschaften gelten als Vorbild wissenschaftlichen Arbeitens; daher abschließend eine Definition aus Sicht eines Naturwissenschaftlers. Man beachte, welch große Bedeutung hier den Methoden bei der Gewinnung von Erkenntnissen zugemessen wird:

> „Science is not merely a collection of facts, concepts, and useful ideas about nature, or even the systematic investigation of nature, although both are common definitions of science. *Science is a method of investigating nature--a way of knowing about nature--that discovers reliable knowledge about it.* [...] *Reliable knowledge is knowledge that has a high probablility of being true because its veracity has been justified by a reliable method.*"[4] (Hervorhebungen: S. D. S.)

2. Kennzeichen einer Wissenschaft

Jede wissenschaftliche Disziplin zeichnet sich durch (mindestens) drei Bestandteile aus[5]. Sie hat einen Gegenstand, den sie erforscht: Insekten, die Erdkruste, Sprache, die Gesellschaft von Indianern im Amazonas ... Die Erforschung dieser Gegenstände geschieht auf dem Wege

---

[2] Wahrig-Burfeind (Hrsg.) (1994), Stichwort „Wissenschaft".
[3] Körner (1980), S. 726.
[4] Schafersman (1997). Im Vortrag wurde statt des englischen Originalzitats eine selbst angefertigte deutsche Übersetzung geliefert: „[Natur-]Wissenschaft ist nicht nur eine Sammlung von Fakten, Konzepten und nützlichen Ideen über die Natur, oder gar die systematische Untersuchung der Natur. Wissenschaft ist eine Methode, die Natur zu untersuchen, die verlässliches Wissen über Natur erschließt. [...] Verlässliches Wissen ist Wissen, das mit einer hohen Wahrscheinlichkeit wahr ist, weil seine Wahrhaftigkeit mit einer zuverlässigen Methode bestätigt worden ist."
[5] Vgl. Nachtigall (1975), S. 40.

bestimmter, charakteristischer Methoden, um den betreffenden Gegenstand „objektiv" empirisch beobachten zu können. Und schließlich bedient man sich in einer Wissenschaft in der Regel einer besonderen Wissenschaftssprache, einer besonderen Terminologie, um über die Ergebnisse wissenschaftlicher Forschung effektiv kommunizieren zu können.

3. Kennzeichen wissenschaftlicher Forschung

Eine wissenschaftliche Forschung, die ihren Namen zu Recht trägt, genügt drei Kriterien[6]: Erstens: Sie ist exakt. Exakt zu arbeiten bedeutet, dass „ eine Aussage [...] eindeutig und vollständig formuliert werden [muss] [...]. Auch die Annahmen [...] müssen klar dargelegt und so gestaltet sein, daß die Zwischenstufen einer Argumentation durchschaubar sind."[7]

Auf die Sprachwissenschaft angewandt bedeutet dies z.B.: nicht einfach davon ausgehen, dass jeder weiß, was ein „Morphem" ist, sondern den Begriff für sich selbst definieren und ihn selbst so verwenden. Ansonsten droht eine Verwirrung, die der wissenschaftlichen Arbeitsweise unangemessen ist: „Morphem" lässt sich nämlich z.B. als Oberbegriff für „grammatisches Morphem" und „lexikalisches Morphem" (bzw. Grammem und Lexem) definieren; oder aber man bezeichnet damit eine grammatische Einheit im Unterschied zu einer lexikalischen Einheit (Semantem), wobei als Oberbegriff für beide Einheiten dann der Begriff „Monem" verwendet wird[8]. Welcher Definition des schillernden Begriffs „Morphem" man sich anschließt, sollte unbedingt deutlich gemacht werden, wenn man damit arbeitet.

Dass sich mit Hilfe der Fachsprache Sachverhalte differenzierter und damit präziser ausdrücken lassen als in der Alltagssprache, zeigt die Aufsplittung des alltagssprachlichen Begriffs „Zweisprachigkeit". In der linguistischen Fachsprache hat er zum einen die Entsprechung „Bilinguismus" (das Phänomen, dass jemand zwei Sprachen spricht oder versteht), zum anderen die Entsprechung „Diglossie" (Anwendung von zwei Sprachen bzw. Sprachformen je nach situativem Kontext).

---

[6] Die drei Kriterien entstammen Wagner/Hackmack (1997), S. 18.
[7] Wagner/Hackmack (1997), S. 18.
[8] Vgl. Bußmann (1990), Stichwort „Morphem" (für die erste Verwendungsweise) bzw. Stichwort „Monem" (für die zweite Verwendungsweise).

Zweites Kriterium: Systematisch. Systematisch ist die Arbeit des Wissenschaftlers deshalb, weil sie in einer bestimmten Abfolge einzelner Arbeitsschritte besteht und innerhalb dieser Arbeitsschritte nicht willkürlich vorgegangen wird, sondern nach einer bestimmten Methodik.

Schließlich hat wissenschaftliches Arbeiten dem Kriterium der Objektivität zu genügen: „Die Wahrheit einer Aussage muß […] objektiv sein, d.h. unabhängig von den Einstellungen und Wertungen des Erkenntnissubjekts bestehen […]"; damit einher geht die intersubjektive Nachprüfbarkeit, denn „wenn die Wahrheit einer Aussage überhaupt sich überzeugend begründen läßt, so muß jeder kompetente Wissenschaftler oder Mensch von der Wahrheit einer Aussage überzeugbar sein."[9]

Dazu ein Beispiel aus der historischen Sprachwissenschaft: Wenn man objektiv und intersubjektiv nachvollziehbar arbeiten will, kann man nicht einfach sagen: „Das Rolandslied zeigt: In altfranzösischen Aussagesätzen mit Verb und Objekt wird das Subjekt meist nicht ausgedrückt." Statt einer solchen unbelegten, pauschalen und damit intersubjektiv nicht nachvollziehbaren Behauptung beruft sich Marchello-Nizia (1999) auf eine statistische Auswertung des Rolandsliedes und kommt, objektiv und intersubjektiv nachprüfbar, zu dem Schluss, dass das Subjekt in 1090 Aussagesätzen nur in 26 % der Fälle ausgedrückt wird.[10]

4. Kriterien für Wissenschaftlichkeit

„Wissenschaft ist mit einem *Objektivitätsanspruch* verbunden, ist mit dem Ideal *objektiver Gültigkeit* und *intersubjektiver Nachprüfbarkeit* verbunden (unterscheidet sich daher von bloßen subjektiven Meinungen, von Dogmen und Ideologien); [sie] ist mit einem *Erklärungsanspruch* verbunden, die vielfältigen Phänomene unserer Natur und Lebenswelt sollen *verstehbar* werden." (Hervorhebungen: E. B.)[11]

Zur Forderung von Brendel (2007) nach „(weitestgehende[r]) logische[r] Widerspruchsfreiheit und Zirkelfreiheit"[12] folgendes Beispiel: „C´est que Dieu est un estre qui possède toutes les perfections [Prämisse 1]; […] l´existence […] est du nombre des perfections [Prämisse 2]. Donc il existe [Konklusion]"[13]. Das Argument ist nicht schlüssig, denn die Prämisse „Gott besitzt X" setzt voraus, dass Gott existiert (sonst könnte er nichts besitzen). Dies sollte ja aber eigentlich bewiesen werden, so dass das Argument eine Zirkelstruktur aufweist: Die Konklusion ist bereits in einer Prämisse enthalten.

---

[9] Vgl. Schurz (1996), S. 12.
[10] Vgl. Marchello-Nizia (1999), S. 42.
[11] Brendel (2007), S. 3.
[12] Brendel (2007), S. 3.
[13] Leibniz (2006), S. 663.

Weitere Kriterien für Wissenschaftlichkeit (wiedergegeben nach Brendel (2007)[14])	Erläuterungen
„Korrekte Anwendung wissenschaftlicher Methoden des Schließens (Deduktion, Induktion […])"	Logischer Schluss vom Allgemeinen auf das Besondere, vom Besonderen auf das Allgemeine, usw.
„Kohärenz mit bestehenden wissenschaftlichen Theorien"	Neue Theorien sollten sich in das bisherige Wissenschaftsgebäude einfügen lassen, ohne dass das gesamte Gebäude sozusagen einstürzt
„Theoretische Fruchtbarkeit"	Wie ergiebig, aussagekräftig ist die neue Theorie?
„Prognostische Relevanz"	Kann man mit Hilfe einer neuen Erkenntnis Voraussagen über die Zukunft, über andere Fälle machen?
„Empirische Adäquatheit […]"	Stimmt das, was ich in der Theorie gefunden habe, mit meinen Beobachtungen in der Wirklichkeit überein?
„Möglichst wenige Anomalien"	1000 Ausnahmen sind kein Beleg für eine gute Regel …
„Wenig *ad hoc* Annahmen"	Man sollte möglichst ohne spontane „Eingebungen" auskommen, mit denen man scheinbar unerklärliche Ausnahmen rechtfertigt
„Genauigkeit und Einfachheit"	(spricht für sich)

Beziehen wir beispielhaft das Kriterium der prognostischen Relevanz auf die Sprachwissenschaft. Prognostisch relevant ist etwa eine Erkenntnis wie z.B. „Stimmlose Okklusive werden im Laufe der Sprachgeschichte stimmhaft." Ein Blick auf die Sprachgeschichte zeigt, dass diese Regel im Rückblick etwa für das Spanische zutrifft, wie (lat.) *vita(m)* > (sp.) *vida* zeigt. Ist eine solche Regel aufgestellt und erweist sich auch in der Folgezeit als brauchbar so ergibt sich die Möglichkeit von Voraussagen der Form: „In einer Sprache X mit stimmlosen Okklusiven werden diese im Laufe der Sprachgeschichte irgendwann stimmhaft werden." (Ob das dann im Einzelfall auch tatsächlich stimmt, wird die Zukunft zeigen.)

---

[14] Brendel (2007), S. 3.

5. Wie denkt man wissenschaftlich?

In vielen Wissenschaften arbeitet man mit empirischen Belegen. Aus der Feder eines Geologen klingt die Definition eines empirischen Belegs so: „Empirical evidence is evidence that one can see, hear, touch, taste, or smell."[15] Nicht alle Formen von Sinneserfahrung sind dabei in der Sprachwissenschaft gleich bedeutend, wie dies möglicherweise für manche Naturwissenschaft der Fall ist – oder haben Sie schon mal den Geruch eines Wortes analysiert oder einen Satz berührt?

Vertraut man nicht auf seine Sinne, seinen Seh- oder Hörsinn, dann wird man vermutlich dadurch zu neuen Erkenntnissen gelangen, dass man logisch über eine Sache nachdenkt: „Scientists and critical thinkers always use logical reasoning."[16] Beim wissenschaftlichen Arbeiten, wie es Schafersman (2007) versteht, schließen sich also Empirismus und Rationalismus nicht aus, sondern ergänzen einander.

Und schließlich sollte man sich eine skeptische Grundauffassung bewahren: Es gibt oft nicht nur „eine Wahrheit", und man tut gut daran, sich vor Selbsttäuschungen zu schützen, indem man eigene wie fremde Ergebnisse kritisch hinterfragt und auf den Prüfstand stellt. Denn: „The final key idea in science and critical thinking is skepticism, the constant questioning of your beliefs and conclusions."[17]

6. Wissenschaftssprache[18]

Man kann mit der Sprache über die Welt sprechen: „Das Haus da drüben ist grün." Es lässt sich aber auch über Sprache sprechen: „*Haus* ist ein sächliches Substantiv." Sprache, mit der über Sprache gesprochen wird, nennt man Metasprache, und *Haus* im vorangehenden Satz demnach einen metasprachlichen Ausdruck. In diesem Sinne ist auch die Wissenschaftssprache (Fachsprache) eine Metasprache.

---

[15] Schafersman (2007).
[16] Schafersman (2007).
[17] Schafersman (2007).
[18] Folgende Gedanken habe ich von Pöckl/Rainer/Pöll (2003), S. 105f., übernommen: Den störenden Charakter von Fachwörtern, die Nicht-Ersetzbarkeit durch Alltagssprache, die Internationalität der linguistischen Terminologie und die unterschiedliche Verwendung ein- und desselben Fachbegriffs. Die Beispiele stammen von mir selbst.

Fachsprache ist manchmal störend: Beim Lesen sprachwissenschaftlicher Texte stößt man auf Ausdrücke wie *stricto sensu* oder *idealiter*. Doch Fachsprache ist nicht nur verwirrend, macht die Dinge unnötig kompliziert und für den Leser im Extremfall einen Gang ans Wörterbuch notwendig, sondern hat in vielen Fällen durchaus ihren Sinn: Linguistische Fachbegriffe dienen der Exaktheit des wissenschaftlichen Arbeitens, wie vorhin gezeigt; sie können nicht durch Ausdrücke der Allgemeinsprache ersetzt werden und müssten ggf. umständlich umschrieben werden.

Ein Vorteil von Fachbegriffen: Oft sind es Internationalismen (dt. *Morphem*, frz. *morphème*, sp. *morfema*, engl. *morpheme*). Das macht die linguistische Fachsprache manchmal nicht schwerer verständlich als die Alltagssprache, sondern sogar leichter verständlich. Bei aller Bemühung jedoch, mit Hilfe von Fachsprache Exaktheit und Eindeutigkeit zu erreichen: Immer funktioniert das nicht; Sie erinnern sich sicher noch an die zwei der zahllosen Definitionen für „Morphem" …

7. *Definitionen: Hypothese – Theorie – Methode*

Die für wissenschaftliches Arbeiten zentralen Begriffe Hypothese und Theorie hängen folgendermaßen miteinander zusammen:

> „Eine THEORIE ist ein System von HYPOTHESEN [...], die zur ERKLÄRUNG bestimmter Phänomenenbereiche entwickelt werden. [...] Eine HYPOTHESE ist eine empirische Verallgemeinerung über einer Menge von Beobachtungsdaten."[19]

Im Titel unserer Lehrveranstaltung taucht noch ein weiterer Begriff auf, der uns auch schon in der Wissenschafts-Definition von Schafersman (2007) mehrmals begegnet ist: „Methode". Das Wort stammt aus dem Griechischen; μέθοδος bedeutet wörtlich übersetzt so viel wie „Weg zu etwas hin". Damit haben wir eine erste Vorstellung, doch ausführlicher kann ein philosophisches Nachschlagewerk klären, was man unter einer Methode versteht:

> „Im allgemeinen Sprachgebrauch bezeichnet das Wort „Methode" die Verfahrensweise, nach der Denkprozesse oder Handlungsabläufe durchgeführt werden. [...] Methodisches Vorgehen betrifft immer einen komplexen Prozeß, der in seinen einzelnen Stadien folgerichtig und zielstrebig ausgeführt wird. [...] Der engeren Bedeutung nach ist demnach unter „Methode" eine konsequente Verfahrensweise zu verstehen, die angewandt wird, um ein bestimmtes Ziel zu erreichen."[20]

---

[19] Wagner/Hackmack (1997), S. 21.
[20] Rapp (1973), S. 913. Dass dies nur eine von zahlreichen möglichen Definitionen ist, versteht sich von selbst.

8. Leistung von Theorien

Theorien aufzustellen ist natürlich kein Selbstzweck. Vielmehr leisten Theorien einen Beitrag zur Erklärung der Welt, und zwar in ganz verschiedener Hinsicht. Es lassen sich mehrere Leistungen von Theorien voneinander unterscheiden. Sieben Leistungen von Theorien sollen im Folgenden kurz dargestellt und erläutert werden:

Leistung (zitiert nach Schieder/Spindler (2006)[21])	Erläuterungen
„Selektionsleistung"	Welche Informationen sind relevant? Welche nicht?
„Definitionsleistung"	Was möchte ich erklären?
„Integrationsleistung"	Welche Fakten gibt es in dem untersuchten Bereich?
„Systematisierungsleistung"	Wie lassen sich die Fakten systematisch ordnen, wie hängen sie miteinander zusammen?
„Abstraktionsleistung"	Welche allgemeinen Einsichten in einem Wissensbereich gibt es?
„Explikationsleistung"	Welche Erklärungen liefert eine Theorie für bestimmte Phänomene?
„Prognoseleistung"	(wurde bereits angesprochen)

---

[21] Schieder/Spindler (2006), S. 23.

9. Teiltätigkeiten und Arbeitsschritte des Sprachwissenschaftlers

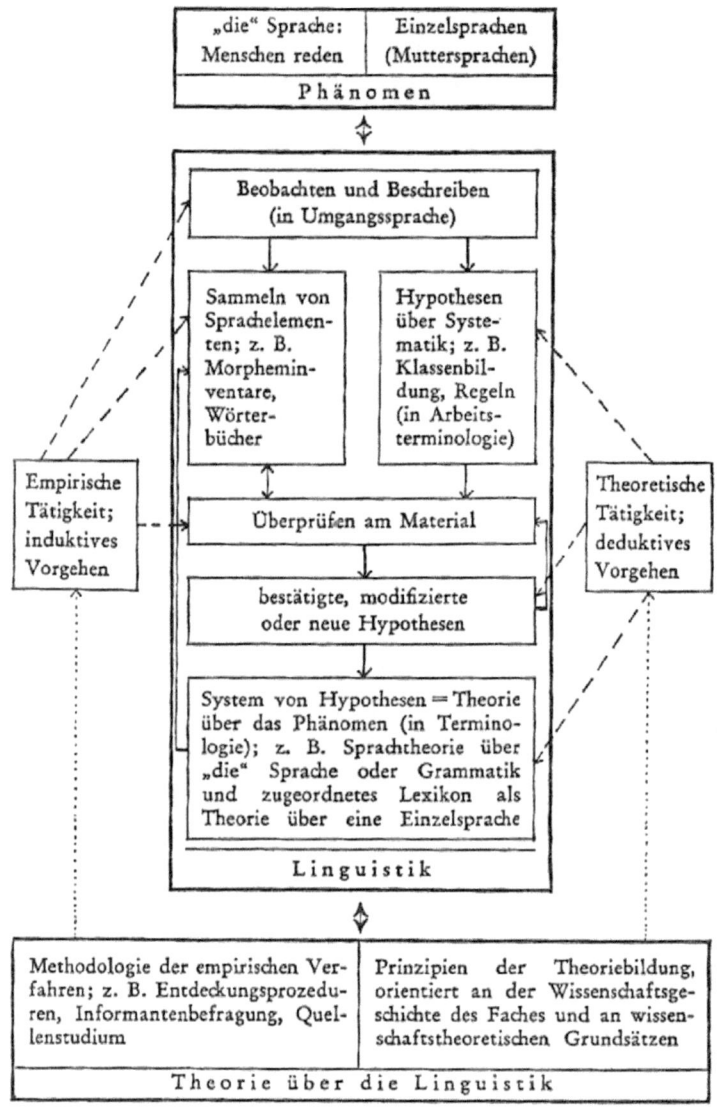

Abb. 1: Linguistische Tätigkeiten nach Bünting (1996)[22]

---

[22] Bünting (1996), S. 15. Die Lektüre von Bünting (1996), S. 14-17, wurde den Studentinnen und Studenten als Aufgabe für die Nachbereitung der Sitzung gegeben.

Zu den wesentlichen Tätigkeiten und Arbeitsschritten des Linguisten gehören also nach Bünting (1996) empirische Tätigkeiten (Sammeln, Beobachten, Überprüfen von Material) sowie, im Wechsel dazu, theoretische Tätigkeiten (Beschreibungen, Modelle, Erklärungen; Hypothesen und Theorien)[23]. So gewinnt man Einsichten in das Phänomen „Sprache" (Einzelsprache, Sprache an sich).

Eine mögliche Arbeitsweise sieht so aus: Man geht von konkreten, in der Wirklichkeit vorgefundenen Daten aus (z.b. durch Befragung von Sprechern gesammelten Sätzen oder Lauten, in Texten vorkommenden Wortformen) und versucht, daraus allgemeine Gesetzmäßigkeiten abzuleiten, also zu allgemeinen theoretischen Ergebnissen zu gelangen (induktives Verfahren). Diese theoretischen Ergebnisse werden nun mit neuen empirischen Daten konfrontiert (deduktives Verfahren: man schließt von der allgemeinen Regel auf einen neuen Einzelfall): Lassen sich auch andere Laute, Wortformen oder Sätze mit Hilfe der bisherigen Hypothesen und Theorien erklären? Im günstigen Fall bewährt sich die Theorie in dieser Konfrontation und erweist sich damit als brauchbar.

10. Modellfall zur Illustration der sprachwissenschaftlichen Arbeitsweise

Es soll für eine fiktive Sprache folgende Frage geklärt werden: Wie ist die Satzstellung dieser Sprache in Zweiwortsätzen geregelt? Ich habe mich bei der Formulierung der Frage bewusst sehr genau ausgedrückt. Denn: Es ist wichtig, die Art des Gegenstandes zu klären; d.h.: Was genau will ich untersuchen und mit meinen Theorien erklären? Ansonsten erweisen sich die Theorien u.U. als nicht leistungsfähig genug.

Um überhaupt erst Beobachtungen machen zu können, müssen zunächst Sprachdaten gesammelt werden: Man sammelt Sätze, etwa schriftlich aus Texten oder mündlich aus Tonaufnahmen oder von Informanten, und stellt ein Korpus zusammen. Dann beginnt die Auswertungsphase. Der erste Schritt besteht darin, das Phänomen zu beobachten und zu beschreiben. Bei der Analyse einer ausreichenden Zahl von Sätzen beobachtet man z.B.: Es gibt Sätze mit der relativen Reihenfolge S-V und solche mit der relativen Reihenfolge V-S.

---

[23] Stangl (2004) nennt neben Empirie und Rationalismus außerdem noch das Kriterium „Kommunikation: intersubjektive Überprüfung". Alle drei Kriterien sind natürlich nicht nur für die Sprachwissenschaft wichtig, sondern auch für andere Wissenschaften.

Der nächste Schritt besteht darin, die Sätze zu ordnen und in Klassen einzuteilen; auf diese Weise entsteht eine Klasse A mit Sätzen der Reihenfolge S-V und eine Klasse B mit Sätzen der Reihenfolge V-S. Diese empirische Arbeit ist induktiv: Das Ordnen und Systematisieren der Daten (z.B. Einordnen in Klassen nach bestimmten Merkmalen) erfolgt in einer Arbeitsweise, die vom Besonderen zum Allgemeinen geht.

Anschließend erfolgt die Aufstellung von Hypothesen über systematische Zusammenhänge. Die Bildung von (empirischen) Hypothesen ist ein induktiver Schritt: Von Beispielen aus versucht man allgemeine Regeln aufzustellen; Ergebnisse können z.b. folgende Hypothesen sein:

Hypothese 1:	Aussagesätze haben die Reihenfolge S-V.
Hypothese 2:	Fragesätze haben die Reihenfolge V-S.

Hat man auf der Grundlage von Daten Hypothesen formuliert und macht sich dann daran, diese am Material zu überprüfen, ist dies eine deduktiver Schritt: vom Allgemeinen zum Besonderen. Fragestellung bei der Überprüfung: Weisen alle Aussagesätze in meinem Korpus die Struktur S-V auf und alle Fragesätze die Struktur V-S, oder gibt es Gegenbeispiele?

Wenn ich die Gültigkeit meiner Hypothese an konkretem Sprachmaterial überprüfe, wird entweder die alte Hypothese bestätigt, die alte Hypothese modifiziert, oder aber es kommt zur Aufstellung von neuen Hypothesen (und der Verwerfung der alten Hypothese). So könnte z.B. eine revidierte Fassung der Hypothesen lauten:

Hypothese 1:	Aussagesätze haben die Reihenfolge S-V.
Hypothese 2 neu:	Fragesätze haben die Reihenfolge V-S. Falls S ein Pronomen ist, haben Fragesätze die Reihenfolge S-V.

Hypothese 1 hat sich offenbar bewährt, sie wird beibehalten. Gegen Hypothese 2 gibt es dagegen Einwände: Offensichtlich hat man Sätze gefunden, die die Hypothese widersprechen, und dabei die Beobachtung gemacht, dass bei den Gegenbeispielen S ein Pronomen ist. (Die alte) Hypothese 2 wird also verworfen und durch eine neue Hypothese 2 ersetzt.

Im Laufe der Zeit entsteht ein System von Hypothesen als Theorie über das Phänomen. Eines der Probleme bei der Arbeit mit einem Korpus ist allerdings die naturgegebene Geschlossenheit des Korpus, an dem man seine Hypothesen und Theorien überprüfen kann.

11. Erkenntnisgewinnung mittels Falsifikation

In unserem Modellfall wurde induktiv gearbeitet, um Hypothesen aufzustellen. Hielten die Hypothesen der Überprüfung am konkreten Material stand und bewährten sich, blieben sie gültig; ansonsten galten sie als widerlegt („falsifiziert") und wurden nach Möglichkeit durch bessere Hypothesen ersetzt. Diese Arbeitsweise, die auf dem Prinzip der Falsifikation beruht, geht zurück auf die kritischen Rationalisten (insbesondere Popper). Nach ihnen ist es nicht möglich, die Wahrheit von Hypothesen oder Theorien zu beweisen, diese also zu verifizieren; außerdem betonen die kritischen Rationalisten deren Vorläufigkeit, denn sie gehen davon aus,

> „dass alle Theorien prinzipiell nur Hypothesen [d.h. Vermutungen] sind, da sie stets umgestoßen werden können. Von daher gibt es kein positives Wahrheitskriterium […], sondern nur noch das negative der Falsifikation. Eine Theorie wird umso wahrscheinlicher, je mehr Falsifizierungsversuchen sie ausgesetzt worden ist und dabei bestanden hat."[24]

12. Exkurs in die historische Sprachwissenschaft: Das Unerklärliche erklären

Manchmal ist man nicht in der Lage, aus empirischen Befunden heraus Hypothesen aufzustellen. Solche unerklärlichen Abweichungen von Regeln macht man z.B. in der historischen Sprachwissenschaft folgendermaßen plausibel:

1. spontane Erklärungen, die noch genauer begründet und empirisch abgesichert werden müssen, sog. Ad-hoc-Hypothesen. Warum steht z.B. im Altfranzösischen ein Substantiv in einem bestimmten Kasus, wo ich doch eigentlich den anderen Kasus erwarte? (Etwa weil das Substantiv in der Anrede steht und zu dieser und jener Deklination gehört?)

2. Analogie: Nicht ein bestimmtes Lautgesetz hat eine Form hervorgebracht, sondern die Analogie zu einer anderen Form. Beispiel: „ich singe":

---

[24] Preußner (2003).

(lat.) *canto* > (afrz.) *chant*. Man findet später: *chante* (nicht lautgesetzlich!). Warum? Antwort: Die Form *chante* ist in Analogie zu der entsprechenden Form von *entrer* entstanden. Denn bei *entrer* lautet die Form der 1. Person Singular lautgesetzlich korrekt *entre*: Weil *entr* schwer auszusprechen wäre, fügt man an die Form ein *–e* an. Das Schema der Analogie sieht also so aus:

entrer : entre

chanter : ? ? = chante

3. Entstehung der Form zu einer Zeit, in der die betreffende Regel keine Gültigkeit mehr hatte. Z.B. wurde *capsule* erst 1532 aus dem Lateinischen ins Französische übernommen und hat daher den Lautwandel *c-* > *ch-* (vgl. lat. *cantare* > afrz. *chanter*) nicht mehr mitgemacht. *Cantine* hat kein *ch-*, weil es aus dem Italienischen stammt, wo es einen solchen Lautwandel nie gab, und weil es zu einer Zeit ins Französische kam, in der die betreffende Lautregel im Französischen keine Gültigkeit mehr hatte.[25]

13. Schlusswort

Zum Abschluss noch einmal ein Zitat aus dem „Handbuch philosophischer Grundbegriffe" mit einer sehr kritischen Aussage über den Wert der genauen Untersuchung, Vermittlung und Beherrschung von Methoden:

> „Was einen guten Wissenschaftler oder Techniker auszeichnet, ist nicht die Kenntnis explizit formulierter Verfahrensregeln, sondern die anhand konkreter Beispiele durch eigene Erfahrung gewonnene intuitive Einsicht in die Struktur seines Arbeitsgebietes. Diese Einsicht läßt sich auch theoretisch aufarbeiten und in allgemeinen methodischen Regeln formulieren [...]. Doch gewonnene Erfahrung und methodisches Können gehen nicht in solchen Schemata auf."[26]

Ich wäre wesentlich glücklicher mit diesem Zitat, hätte der erste Satz gelautet: „... ist nicht **nur** die Kenntnis explizit formulierter Verfahrensregeln." Doch unbestritten ist: Praktische Erfahrung im (sprach-)wissenschaftlichen Arbeiten sammeln zu können, ist unverzichtbar. Und wenn man sich beim praktischen Arbeiten bewusst darüber Gedanken macht, wie man gerade arbeitet und warum man es so tut und nicht anders, kann man aus der Praxiserfahrung

---

[25] Vgl. Rey-Debove/Rey (1993), Stichwörter „capsule" bzw. „cantine".
[26] Rapp (1973), S. 921.

heraus viel über Methoden und Vorgehensweisen lernen. In diesem Sinne: Werden wir aktiv und arbeiten wir praktisch, um die Anwendung von Methoden praktisch erfahrbar zu machen!

Literaturverzeichnis

Brendel, Elke: *Materialien zum Promotionskolleg Grundzüge der Wissenschaftstheorie.* Folien einer Lehrveranstaltung an der Universität Mainz, 2007. URL: http://www.philosophie.uni-mainz.de/brendel/promotionskolleg/2007/Promotionskolleg_Wissenschaftstheorie.pdf. Datum des Abrufs: 23.10.2008

Bünting, Karl-Dieter: *Einführung in die Linguistik.* 15. Auflage Weinheim 1996 (Beltz Athenäum)

Bußmann, Hadumod: *Lexikon der Sprachwissenschaft.* 2. Auflage Stuttgart 1990 (Kröner)

Körner, Stephan: „Wissenschaft". In Josef Speck (Hrsg.): *Handbuch wissenschaftstheoretischer Begriffe.* Bd. 3. Göttingen 1980 (Vandenhoeck & Ruprecht)

Leibniz, Gottfried Wilhelm: *Sämtliche Schriften und Briefe.* Zweite Reihe: *Philosophischer Briefwechsel.* Bd. 1: *1663-1685.* Hrsg.: Leibniz-Forschungsstelle Münster. 2., neubearbeitete und erweiterte Auflage Berlin 2006 (Akademie Verlag) [1. Auflage Darmstadt 1926]

Marchello-Nizia, Christiane: *Le français en diachronie: douze siècles d'évolution.* Paris 1999 (Ophrys)

Nachtigall, Dieter: „Die Fachdidaktik als Berufswissenschaft der Lehrer". In: *Physik und Didaktik 3* (1975) 1. S. 29-49

Pöckl, Wolfgang / Rainer, Franz / Pöll, Bernhard: *Einführung in die romanische Sprachwissenschaft.* 3., neu bearbeitete Auflage Tübingen 2003 (Niemeyer)

Preußner, Andreas: „Kritischer Rationalismus". In: Wulff D. Rehfus (Hrsg.): *UTB Handwörterbuch Philosophie.* 1. Auflage Göttingen 2003 (Vandenhoeck & Ruprecht / UTB). URL: http://www.philosophie-woerterbuch.de/

Rapp, Friedrich: „Methode". In: Krings, Hermann / Baumgartner, Hans / Wild, Christoph (Hgg.): *Handbuch philosophischer Grundbegriffe. Bd. 4. Mensch – Relation*. München 1973 (Kösel), S. 913-929.

Rey-Debove, Josette / Rey, Alain (Hrsg.): *Nouveau Petit Robert*. Paris 1993 (Larousse)

Schafersman, Steven D.: *An introduction to science. Scientific thinking and the Scientific Method*. Department of Geology, Miami University 1997. URL: http://www.geo.sunysb.edu/esp/files/scientific-method.html. Datum des Abrufs: 23.10.2008

Schieder, Siegfried / Spindler, Manuela: *Theorien der internationalen Beziehungen*. Opladen/Farmington Hills 2006 (Verlag Barbara Budrich)

Schurz, Gerhard: *Vorlesungsskriptum: Allgemeine Wissenschaftstheorie*. Skript einer Lehrveranstaltung an der Universität Düsseldorf. Geschrieben 1988, überarbeitet 1996. URL: http://www.phil-fak.uni-duesseldorf.de/fileadmin/Redaktion/Institute/Philosophie/Theoretische_Philosophie/Schurz/scripts/AllgWth.pdf. Datum des Abrufs: 23.10.2008

Stangl, Werner: *Grundbegriffe des Empirismus*. 2004. URL: http://www.stangl-taller.at/ARBEITSBLAETTER/FORSCHUNGSMETHODEN/EmpirismusGrundbegriffe.shtml. Datum des Abrufs: 23.8.2008

Wagner, Karl Heinz / Hackmack, Sabine (Mitarbeit): *Grundkurs Sprachwissenschaft. Wintersemester 1997/98*. Skript einer Lehrveranstaltung an der Universität Bremen, 1997. URL: www.fb10.uni-bremen.de/khwagner/grundkurs1/pdf/grund.pdf. Datum des Abrufs: 23.10.2008

Wahrig-Burfeind, Renate (Hrsg.): *Wahrig – deutsches Wörterbuch*. Gütersloh 1994 (Bertelsmann Lexikon Verlag)